Anja Böttinger

Schritte PLUS ALPHA NEU 1

Deutsch im Alpha-Kurs
Deutsch als Zweitsprache

Kursbuch

Hueber Verlag

Schritte plus Alpha neu basiert auf *Schritte plus Alpha*.

Für zahlreiche hilfreiche Hinweise danken wir:
Michaela Bartel, Lehrerin und Autorin für Unterrichtsmaterialien, Weichs

Beratung:
PD Dr. habil. Marion Grein, Johannes Gutenberg-Universität Mainz,
Modulverantwortliche für Deutsch als Zweitsprache/Alphabetisierung

Lehrerhandbuch (kostenfrei verfügbar unter www.hueber.de/schritte-plus-alpha-neu)
Anja Böttinger

Piktogramme:

Lesen Sie.	Schreiben Sie.	Partnerarbeit
Hören Sie.	Kreuzen Sie an.	Video (fakultativ)
Sprechen Sie.	Suchen Sie.	Arbeit mit der Alphabox

Die Mediendateien finden Sie in der *Hueber Media*-App
und unter www.hueber.de/schritte-plus-alpha-neu

7. 6. 5. | Die letzten Ziffern
2029 28 27 26 25 | bezeichnen Zahl und Jahr des Druckes.
Alle Drucke dieser Auflage können, da unverändert, nebeneinander benutzt werden.
1. Auflage

Umschlaggestaltung: Sieveking Agentur, München
Layout und Satz: Sieveking Agentur, München
Redaktion: Andrea Heckert, Karin Ritter, Lena Bengel und Ingo Heyse, Hueber Verlag, München
GPSR-Kontakt: Hueber Verlag GmbH & Co. KG, Baubergerstraße 30,
80992 München, kundenservice@hueber.de
Druck und Bindung: PASSAVIA – Druckservice GmbH & Co. KG, Medienstraße 5b,
94036 Passau, info@passavia.de
Printed in Germany
ISBN 978–3–19–171452–9

Art. 530_24602_001_05

Vorwort

Liebe Leserinnen, liebe Leser,

Schritte plus Alpha neu ist ein Lehrwerk, das Alphabetisierung und Vermittlung von Deutschkenntnissen miteinander vereint.
Es ist für Lernende in Alphabetisierungskursen im In- und Ausland konzipiert und richtet sich sowohl an primäre und funktionale Analphabeten als auch an Zweitschriftlernende.
Schritte plus Alpha neu entspricht dem Konzept für einen bundesweiten Alphabetisierungskurs des *Bundesamts für Migration und Flüchtlinge*.
Die wichtigsten Ziele sind, die schriftsprachliche und kommunikative Kompetenz zu fördern, Lernfortschritte sichtbar zu machen, das Selbstbewusstsein der Lernenden zu stärken und so Voraussetzungen für zunehmend selbstständiges Lernen zu schaffen. Die Lernenden werden außerdem auf das Arbeiten mit Deutsch-als-Zweitsprache-Lehrwerken, wie zum Beispiel mit *Schritt für Schritt in Alltag und Beruf* oder *Schritte plus neu*, vorbereitet.

Zum Kursbuch gibt es

- die kostenlose *Hueber Media*-App mit den Hörtexten und Aussprachevideos (fakultativ)
- 2 Audio-CDs mit den Hörtexten zum Buch
- einen Lehrwerkservice mit Lehrerhandreichungen und weiteren Zusatzmaterialien
- ein Trainingsbuch mit weiteren abwechslungsreichen Übungen

Aufbau

In der Starterlektion *Im Kurs* werden erster Wortschatz und die grundlegende Unterrichtssprache anhand von zahlreichen Visualisierungen eingeführt. Die danach folgenden acht Lektionen bestehen jeweils aus einer kommunikativen Einstiegsseite, gefolgt von Alphabetisierungs- und Sprachseiten sowie einer Wiederholungsseite.

Einstiegsseite: Foto und Einstiegsillustration bieten einen thematischen Sprechanlass. Das Vorwissen der Lernenden wird aktiviert und der Lektionswortschatz semantisiert, der am Ende der Lektion gelesen und geschrieben werden kann. Die Redemittel der Lektion werden über Sprechblasen und einen Hörtext präsentiert.

Alphabetisierungsseiten: Band 1 führt fast das gesamte Alphabet und wichtige Buchstabengruppen ein. Je drei Anlautbilder helfen dabei, eine Verknüpfung zwischen Wort, Laut und Buchstabe herzustellen. Es folgen Schreib- und Differenzierungsübungen zu den eingeführten Buchstaben. Die neuen Buchstaben / Laute werden sehr schnell zu Silben und zu einfachen Wörtern synthetisiert. Die Alphabetisierungsseiten bieten außerdem vielfältige Übungen zum Abschreiben, zum bewussten Schreiben in Verbindung mit Hörübungen, sowie Ergänzungsübungen und (Bild-)Diktate, Aufgaben zum freien Schreiben, aber auch Aufgaben zum Lesen und zur Ausbildung der phonologischen Bewusstheit.

Sprachseite: Hier werden die Redemittel der Lektion präsentiert und im Anschluss durch kommunikative Übungen gesichert und automatisiert. Die vorwiegend induktive Vorgehensweise ersetzt explizite Grammatikerklärungen.

Viel Erfolg und viel Spaß wünschen Ihnen
Autorin und Verlag

Tipp: Weitere Informationen, Kopiervorlagen zur Binnendifferenzierung und kostenfreie Lehrerhandreichungen finden Sie unter www.hueber.de/schritte-plus-alpha-neu.

Inhalt

Nordsee
Ostsee
DÄNEMARK
Sylt
Flensburg
Fehmarn
Rügen
Helgoland
Kiel
Rostock
OSTFRIESISCHE INSELN
Lübeck
Norderstedt
Bremerhaven
Hamburg
Schwerin
Oldenburg
Bremen
Elbe
Weser
Ems
POLEN
Oder
NIEDER-
LANDE
Osnabrück
Wolfsburg
Hannover
Braunschweig
Hildesheim
Weser
Salzgitter
Berlin
Potsdam
Frankfurt
(an der Oder)
Magdeburg
Bielefeld
Münster
Reckling-
hausen
Hamm
Rhein
Bottrop
Essen
Bochum
Moers
Krefeld
Dortmund
Duisburg
Hagen
Mönchen-
gladbach
Düsseldorf
Wuppertal
Neuss
Solingen
Remscheid
Leverkusen
Paderborn
Göttingen
Kassel
Halle
Elbe
Cottbus
Neiße
Leipzig
Meißen
Görlitz
Dresden
Köln
Bergisch-
gladbach
Siegen
Aachen
Düren
Bonn
Gotha
Eisenach
Erfurt
Weimar
Jena
Gera
Chemnitz
Zwickau
DEUTSCHLAND
BELGIEN
Koblenz
Wiesbaden
Frankfurt am Main
Offenbach
Mainz
Rhein
Mosel
LUXEM-
BURG
Trier
Darmstadt
Main
Würzburg
Main
TSCHECHISCHE
REPUBLIK
Erlangen
Fürth
Nürnberg
Ludwigshafen
Mannheim
Kaiserslautern
Saarbrücken
Landau
Heidelberg
Karlsruhe
Heilbronn
Pforzheim
Stuttgart
Regensburg
FRANKREICH
Ingolstadt
Donau
Passau
Tübingen
Reutlingen
Neckar
Rhein
Ulm
Augsburg
Lech
Inn
Linz
Donau
Wien
Sankt Pölten
München
Freiburg
Salzach
Eisenstadt
Enns
Salzburg
Konstanz
Basel
Winterthur
Bregenz
ÖSTERREICH
Zürich
St. Gallen
Inn
Innsbruck
Luzern
Graz
Mur
Bern
SCHWEIZ
Lausanne
Klagenfurt
Drau
Genf
Rhône
ITALIEN
SLOWENIEN

Im Kurs

1 Was sehen Sie? Sprechen Sie.

2 Hören Sie und sprechen Sie nach. CD 1/6–7

3 Suchen Sie **Tasche**, **Stift**, **Buch**, **Heft**, **Schere** und **Radiergummi**.

Im Kurs

4 Hören Sie und sprechen Sie nach. CD 1/8

Hören Sie. | Schreiben Sie.
Sprechen Sie. | Lesen Sie.
Suchen Sie. | Kreuzen Sie an.

5 Ordnen Sie zu.

6 Hören Sie und sprechen Sie nach. CD 1/9

Ergänzen Sie.

Zeigen Sie.

Zeichnen Sie.

Markieren Sie.

Ordnen Sie zu.

Fragen und antworten Sie.

7 Hören Sie und zeigen Sie in Aufgabe 6. CD 1/10

8 Schreiben Sie mit verschiedenen Stiften auf ein Blatt Papier.

9 Zeichnen Sie nach.

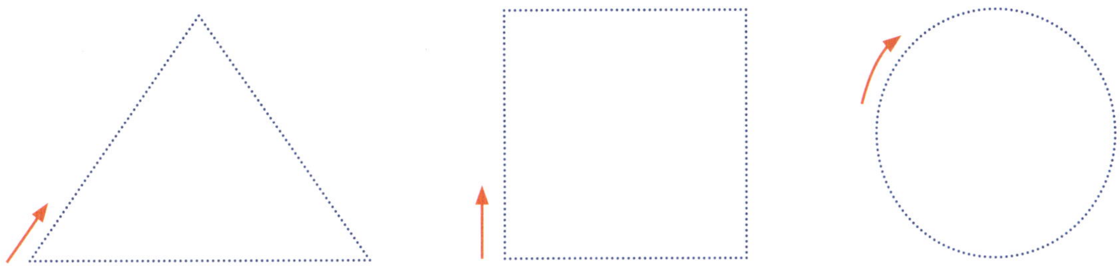

10 Schreiben Sie.

Im Kurs

11 Handgymnastik. Machen Sie mit.

1

2

3

12 Zeichnen Sie nach. Zeichnen Sie weiter.

13 Hören Sie und sprechen Sie nach. CD 1/11

Buch

Heft

Tasche

Schere

Radiergummi

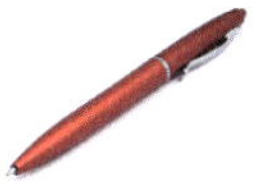
Stift

14 Hören Sie und zeigen Sie in Aufgabe 13. CD 1/12

15 Wie heißt das auf Deutsch?
Hören Sie und sprechen Sie nach. CD 1/13–14

16 Wie heißt das auf Deutsch?
Zeigen Sie in Aufgabe 13 und sprechen Sie.

17 Ohne Worte. Raten Sie mit.

Wiederholung

18 Schreiben Sie.

19 Was ist das? Zeichnen Sie. Ihre Partnerin / Ihr Partner rät.

20 Was fehlt? Suchen Sie.

Das bin ich. | 1

1 Was sehen Sie? Sprechen Sie.

2 Hören Sie und sprechen Sie nach. CD 1/15

3 Woher kommen die Personen?
Zeigen Sie und sprechen Sie.

Aus Eritrea.

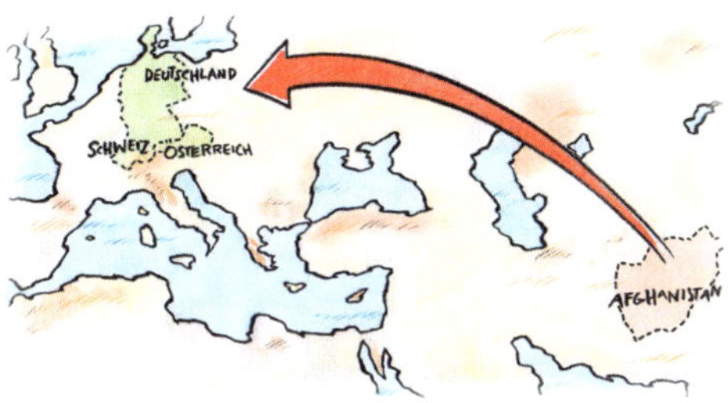

1 Das bin ich.

A a **A** B C D E F G H I J K L M N O P Q R S T U V W X Y Z

A… Ananas

A… Apfel

A… Ameise

CD 1/16

4 Hören Sie und zeigen Sie auf die Bilder. CD 1/16

5 Schreiben Sie.

A A A A A A A A A A A A A A A A

a a a a a a a a a a a a a a a a

6 Schreiben Sie.

A A A

a a a

A a A a

7 Markieren Sie **A a**.

I A – C / a O / \ A C Ɔ – a
\ O a C / A I Ɔ – a O – \ A

Schon fertig?
Markieren Sie **A a**.

V A M N A H A P V A
o a p a q d a b o a u q

A B C D E F G H I J K L M **N** O P Q R S T U V W X Y Z **N n**

N... Nase 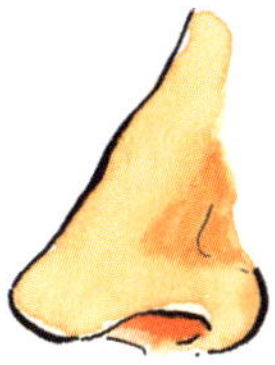

N... Nudeln 

N... Nuss 

CD 1/17

8 Schreiben Sie.

N N N N N N N N N N N N N N N N N

n n n n n n n n n n n n n n n n n n n n n

9 Schreiben Sie.

N N N

n n n

N n N n

A N A N

a n a n

10 Markieren Sie **N n**.

I C N / O – n \ N I O Ɔ n /

Schon fertig?
Markieren Sie **N n**.

N Z C N V M H N L

n z n u o m u l u z n v

1 Das bin ich.

A B C D E F G H I J K L M **N** O P Q R S T U V W X Y Z

11 Wo hören Sie **A** am Wortanfang? Schreiben Sie.

CD 1/18

 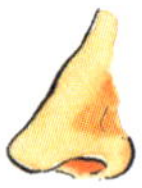   

A				

12 Wo hören Sie **N** am Wortanfang? Schreiben Sie.

CD 1/19

N				

13 Lesen Sie.

N A A N N A a n a n a n

A n N a A n a N A n a n

14 Lesen Sie und klatschen Sie.

N A	NA	NA NA NA	AN NA AN NA
A N	AN	An An Na	na na an na
n a	na	An Na An	Na An Na An
a n	an	an na na	na an na an

Schon fertig? Markieren Sie **Na**.

Na an Na na AN NA

Na Na an Na NA

A B C D **E** F G H I J K L M **N** O P Q R S T U V W X Y Z **E e**

E... Esel

E... Ente

E... Essen

CD 1/20

15 Schreiben Sie.

E E E E E E E E E E E E E E E E E E E E E E E E E E E

e e e e e e e e e e e e e e e e e e e e e e e e e e e

16 Schreiben Sie.

E E E

e e e

Ee Ee

EAN EAN

ean ean

17 Markieren Sie **E e**.

E A N a e A n e E a n N E a n e N A e n A E

A B C D E F G H I J K L M N O P Q R S T U V W X Y Z

18 Wo hören Sie **E** am Wortanfang? Schreiben Sie.

CD 1/21

 E

19 Ordnen Sie zu und schreiben Sie.

E	a	Ee	n	A	
A	n		e	N	
N	e		a	E	

20 Lesen Sie.

NA NA NA	NE NE NE	NA NE NA
An An An	En En En	An En An
ne ne ne	na na na	ne na ne
en en en	an an an	en an en

21 Lesen Sie und klatschen Sie. Schreiben Sie dann.

Nena	Nena	Nana	
Anne		Anna	

Schon fertig? Lesen Sie.

Nene	Anne	Anan	Enen
Anna	Enna	Nena	Nana

22 Was ist gleich? Markieren Sie.

Na	An	Na	An	En	An	na	ne	ne
Ne	Ne	Na	An	En	En	en	en	an

23 Hören Sie und markieren Sie Ⓐ ⓐ und N n. CD 1/22

Das ist Anna. Anna kommt aus Russland.

24 Alpha-Box. Schreiben Sie **A a N n E e** auf Karten.

25 Legen Sie Buchstaben und Silben. Ihre Partnerin / Ihr Partner liest.

Na

26 Mit welchem Buchstaben beginnt das Wort? Zeigen Sie ein Bild. Ihre Partnerin / Ihr Partner zeigt den Buchstaben.

27 Schreiben Sie Silben. Lesen Sie die Silben und tauschen Sie.

28 Hören Sie und klatschen Sie. Zeichnen Sie Silbenbögen ein.

CD 1/23

 Ananas	 Nudeln	 Esel
 Nase	 Ameise	 Apfel
 Nuss	 Essen	 Ente

29 Was fehlt? Ergänzen Sie **A a**, **N n**, **E e**.

Ananas ___uss Ent___ ___sel ___ase

___udeln Apf___l ___ssen N___se ___meise

30 Mit welchem Buchstaben beginnt das Land? Hören Sie und schreiben Sie **A**, **N**, **E**.

CD 1/24

1 A 2 ___ 3 ___

4 ___ 5 ___ 6 ___

Schon fertig?
Was fehlt? Ergänzen Sie **A a**, **N n**, **E e**.

Ente ___n___nas

___as___ ___sse___

31 Wie heißen die Frauen? Hören Sie und schreiben Sie. CD 1/25–26

Nena

___

32 Woher kommen die Frauen? CD 1/27–28
Hören Sie. Zeigen Sie und sprechen Sie.

Aus …

33 Hören Sie und ergänzen Sie **A a, N n, E e.** CD 1/29

- ◆ Guten T___g. Wie heiß___n Sie?
- ● Ich heiß___ Nen___.
- ◆ Woh___r komme___ Sie?
- ● Ich komm___ aus Deutschla___d.

34 Hören Sie noch einmal und sprechen Sie nach. CD 1/29

35 Fragen und antworten Sie im Kurs.

Hallo. Ich heiße …
Wie heißt du?

Ich komme aus …

Ich heiße …
Woher kommst du?

36 Lesen Sie und schreiben Sie.

Na Ne An Na Ne An

En An Ne En An Ne

ne en ne ne en ne

na an na na an na

37 Markieren Sie (A)(a), N n, [E][e] in den Namen.

Ahmet Sonia Ramin
Elias Mohammad
Fatema Hassan Najma

38 Wie heißen Sie? Schreiben Sie. Ihr/e Kursleiter/in hilft.

39 Schreiben Sie zwei Namen Ihres Kurses
und markieren Sie (A)(a), N n, [E][e].

Najma

1 Was sehen Sie? Sprechen Sie.

2 Hören Sie und sprechen Sie nach. CD 1/30

3 Suchen Sie **Mama**, **Papa**, **Oma**, **Opa** und **Tante**.

2 Familie

Mm **A** B C D **E** F G H I J K L **M N** O P Q R S T U V W X Y Z

M... Mama 

M... Mund 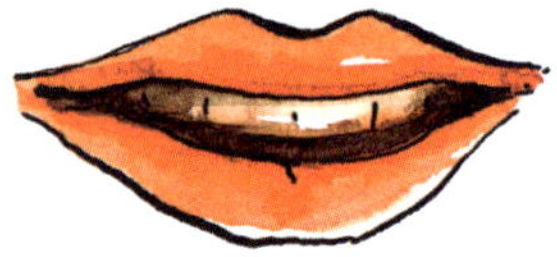

M... Milch 

CD 1/31

4 Schreiben Sie.

M M M M M M M M M M M M M M M M M

m m m m m m m m m m m m m m m m m

5 Schreiben Sie.

M M M

m m m

M m M m

6 Markieren Sie **M m**.

A m e M E N m n a e M

M e A m N M a n M e m

Schon fertig? Was ist gleich? Markieren Sie.

Ne	Me	Ne
An	An	Am
Me	Ma	Ma

A B C D **E** F G H I J K L **M N** O **P** Q R S T U V W X Y Z **Pp**

P... Papa  P... Paprika  P... Pulli 

CD 1/32

7 Schreiben Sie.

P P P P P P P P P P P P P P P P P P P P P P P P P

p p p p p p p p p p p p p p p p p p p p p p p p p

8 Schreiben Sie.

P P P

p p p

P p P p

9 Markieren Sie **P p**.

P a m p e E P P M e p

N A p n E m A P a n p

Schon fertig? Markieren Sie **P p**.

Das ist mein Papa.
Er heißt Pepe.

2 Familie

A B C D **E** F G H I J K L **M N** O **P** Q R S T U V W X Y Z

10 Was hören Sie am Wortanfang? **M** oder **P**? Schreiben Sie. CD 1/33

    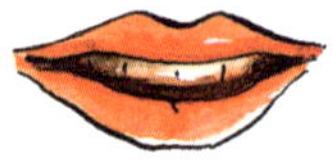

M ___ ___ ___ ___

11 Was hören Sie am Wortanfang? **M** oder **P**? Schreiben Sie. CD 1/34

1 P 2 ___ 3 ___ 4 ___ 5 ___ 6 ___

12 Hören Sie und sprechen Sie **P** deutlich. CD 1/35–36

P Pa Papa

P Pe Pepe

13 Lesen Sie und schreiben Sie.

Na Ne Na Ne

Ma Me Ma Me

Pa Pe Pa Pe

14 Ratespiel.
Schreiben Sie mit dem Finger Buchstaben auf den Rücken.

Schon fertig? Ergänzen Sie **M**, **P**.

Papa	und
ama	ulli

T... Tante 

T... Tomate 

T... Tee 

CD 1/37

15 Schreiben Sie.

T T T T T T

t t t t t t

16 Schreiben Sie.

T

t

T t

17 Markieren Sie T t.

P e t t M A n T p m t

a n N T p t E M p T a

Schon fertig?
Mit welchem Buchstaben beginnt das Wort?
Schreiben Sie.

 M

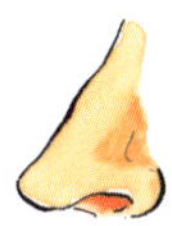

Oo A B C D **E** F G H I J K L **M** **N** **O** **P** Q R S **T** U V W X Y Z

O… Oma

O… Ordner

O… Opa

CD 1/38

18 Schreiben Sie.

19 Schreiben Sie.

O

o

O o

20 Markieren Sie **O o**.

O P o a t n e o m O N

T p o M n a o E O t p

Schon fertig?
Mit welchem Buchstaben beginnt das Wort? Schreiben Sie.

P

21 Was hören Sie am Wortanfang? **T** oder **O**? Schreiben Sie. CD 1/39

 O

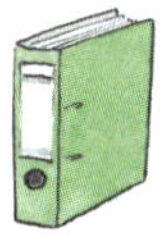

22 Was hören Sie am Wortanfang? **T** oder **O**? Schreiben Sie. CD 1/40

1 T 2 ___ 3 ___ 4 ___ 5 ___ 6 ___

23 Hören Sie und sprechen Sie **T** deutlich. CD 1/41–43

T	Ta	Tag	Guten Tag.
T	Te	Tee	Das ist Tee.
T	To	Toma	Tomate

24 Was ist gleich? Lesen Sie und markieren Sie.

1	Ma	Me	Ma	Na	Na	No	Ta	To	Ta
2	Pa	Po	Pa	Pe	Po	Po	To	Pa	To
3	am	an	an	ma	ma	am	mo	no	mo
4	na	No	na	Pe	pa	pa	ta	at	ta

25 Lesen Sie und zeichnen Sie Silbenbögen ein.

Na	Nano	Ne	Nena	Ot	Otto
To	Toma	En	Enno	An	Anne
Mo	Mona	Pe	Pepe	Em	Emma

2 Familie

A B C D **E** F G H I J K L **M N O P** Q R S **T** U V W X Y Z

26 Lesen Sie und klatschen Sie. Schreiben Sie dann.

Mama Mama

Papa Papa

Oma Oma

Opa Opa

Tante Tante

27 Alpha-Box: Schreiben Sie **M m P p T t O o** auf Karten.

M m P p

T t O o

28 Legen Sie Buchstaben und Silben.
Ihre Partnerin / Ihr Partner liest.

M o

Mo

29 Was fehlt? Legen Sie Wörter. Ihre Partnerin / Ihr Partner ergänzt.

P a _ a

_ a m a

30 Wer ist das? Hören Sie und schreiben Sie die Namen.

CD 1/44–47

1  Mona

2  ____________

3  ____________

4  ____________

31 Hören Sie und sprechen Sie nach.

CD 1/48–49

meine Oma
meine Mama
meine Tochter
meine Tante

sie

mein Opa
mein Papa
mein Sohn

er

32 Hören Sie und ergänzen Sie.

CD 1/50–52

Das ist meine Tante .

Sie heißt ____________ .

Das ist mein ____________ .

33 Sprechen Sie über die Familie.

Tom

Emma

Nena

Enno

Wer ist das?

Das ist der Sohn.
Er heißt …

Das ist die Tochter.
Sie heißt …

2 Wiederholung

34 Ergänzen Sie.

 O m a

 M _ _ _

 T _ _ _ _

 O _ _

 P _ _ _

Schon fertig?
Beschriften Sie das Bild auf Seite 23.

Tante Mona ...

35 Markieren Sie bekannte Wörter.

Hallo Tante Marta,
ich lade dich zum Essen ein. Die ganze Familie ist dabei.
Mein Mann und meine Kinder sind da. Oma und Opa
sind auch da.
Tschüss, Tina

36 Namensspiel. **Sie** oder **er**? Sprechen Sie im Kurs.

Anna	Nano	Nena	Anton
Toma	Mona	Onno	Otto
Emma	Pepe	Amon	Anne

1 Was sehen Sie? Sprechen Sie.

2 Hören Sie und sprechen Sie nach. CD 1/53

3 Suchen Sie **Bett**, **Sofa**, **Lampe** und **Foto**.

Schon fertig?
Suchen Sie bekannte Wörter im Bild.

Ss A B C D **E** F G H I J K L **M N O P** Q R **S T** U V W X Y Z

S… Sofa

S… Salz

S… Salat

CD 1/54

4 Schreiben Sie.

S S S S S S S S S S S S S S S S S S S S S S

s s s s s s s s s s s s s s s s s s s s s s

5 Schreiben Sie.

S S S

s s s

S s S s

6 Markieren Sie S s.

m n s a S E e p s T

O S t o s N A s n S

7 Lesen Sie.

Sa Se So As Es Os

se es sa as so os

Schon fertig?
Markieren Sie **S s**.

S s n M a s s T S o t s S A a s

B... Bett  B... Buch  B... Banane 

CD 1/55

8 Schreiben Sie.

B B B B B B B B B B B
B B B B B B B B
B B B B B
b b b b b b b b b b b
b b b b b
b b b b b b b b b b b

9 Schreiben Sie.

B B B b b b

B b B b

Bett Bett

10 Markieren Sie **B b**.

P (B) s b n a b B S b

A N b p a b e B E

11 Lesen Sie.

Ba Be Bo Ab Eb Ob

be eb ba ab bo ob

Schon fertig? Markieren Sie **B b**.

D (B) b 8 d b 8 B P p b 8 D B 8

ABCDEFGHIJKLMNOPQRSTUVWXYZ

12 Hören Sie und sprechen Sie nach. CD 1/56–57

B Ba Bana Banane

P Pa Papri Paprika

13 Was hören Sie am Wortanfang? **B** oder **P**? Schreiben Sie. CD 1/58

1 B 2 ___ 3 ___ 4 ___

14 Diktat. Hören Sie noch einmal und schreiben Sie. CD 1/58

1 Bett 2 ______ 3 ______ 4 ______

15 Hören Sie und sprechen Sie nach. CD 1/59–60

 **S**ofa **S**alat **S**alz

 da**s** Anana**s** Nu**ss**

16 Wo hören Sie **S s**? Am Wortanfang oder am Wortende? Kreuzen Sie an. CD 1/61

1	2	3	4	5	6
☒ S…	☐ S…	☐ S…	☐ S…	☐ S…	☐ S…
☐ …s	☐ …s	☐ …s	☐ …s	☐ …s	☐ …s

ABCDEFGHIJKLMNOPQRSTUVWXYZ **Ff**

F… Foto  F… Fenster  F… Finger 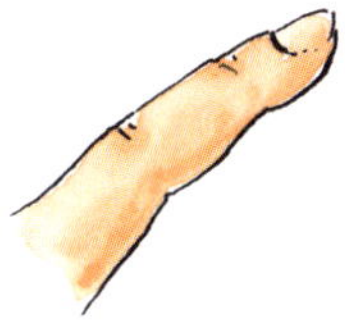

CD 1/62

17 Schreiben Sie.

F F F F F F F F F F F F F F F F F F F F F F

f f f f f f f f f f f f f f f f f f f f f f

18 Schreiben Sie.

F F f f f

F f F f

Foto Foto

19 Markieren Sie **F f**.

F B E f t E F P m e f

n f o A F t f b E b f

20 Lesen Sie.

Fa Fe Fo Af Ef Of

fe ef fa af fo of

3 Wohnung

Ll **A B** C D **E F** G H I J K **L M N O P** Q R **S T** U V W X Y Z

L... Lampe

L... Leiter

L... Lupe

CD 1/63

21 Schreiben Sie.

L L L L L L L L L L L L

l l l l l l l l l l l l

22 Schreiben Sie.

L L L l l l

L l L l

Lampe Lampe

23 Markieren Sie L l.

T L l f t l L F E L t

b l f b l t e f l P L

24 Lesen Sie.

La Le Lo Al El Ol

le el la al lo ol

Schon fertig? Ergänzen Sie.

Fo_t_o _oto _ampe Lam_e

25 Was hören Sie am Wortanfang?
F oder **L**? Schreiben Sie.

CD 1/64

1 F 2 ___ 3 ___ 4 ___ 5 ___ 6 ___

26 Lesen Sie und klatschen Sie.

Sofa Foto Lampe Bett

27 Ergänzen Sie die Wörter aus Aufgabe 26.

Sofa	___	___	___

28 Lesen Sie.

1 Sa La Ba Ma Pa Ta — Tante Lampe Mama

2 No To Po Bo So Fo — Tomate Foto Sofa

3 Te Fe Ne Me Le Be — Bett Tee Telefon

Schon fertig? Schreiben Sie.

 Oma

 ___

 ___

 ___

Wohnung

A B C D E F G H I J K L M N O P Q R S T U V W X Y Z

29 Hören Sie und klatschen Sie. CD 1/65
Zeichnen Sie Silbenbögen ein.

 der Finger	 der Salat	 der Tee
 das Sofa	 das Bett	 das Foto
 die Lampe	 die Banane	 die Lupe

30 Was fehlt? Ergänzen Sie.

di_ _upe	d_s B_tt	d_r Sala_
da_ Fot_	d_r _inger	di_ L_mpe

31 Alpha-Box. Schreiben Sie **S s B b F f L l** auf Karten.

S s B b F f L l   der das die

32 **Der**, **das** oder **die**? Legen Sie.

33 Legen Sie Wörter mit
der, **das** oder **die**. Ihre Partnerin / Ihr Partner liest.

der das die   S o f a

• Salat		der	Salat
• Sofa	→	das	Sofa
• Lupe		die	Lupe

34 Wie heißt das auf Deutsch? Hören Sie und schreiben Sie.

CD 1/66–69

1 • die Lampe

2 • das

3 • das

4 • das

35 Wettbewerb. Wer sammelt die meisten Karten? Sprechen Sie.

36 Verteilen Sie **der**, **das** und **die** im Kursraum. Hören Sie und laufen Sie zum richtigen Artikel.

CD 1/70

Schon fertig?

Der, **das** oder **die**? Ordnen Sie zu.

das	Mama	der	Sofa
die	Salat	die	Lampe
der	Foto	das	Papa

37 Welches Wort passt nicht? Streichen Sie durch.

1 Bett Sofa Lampe ~~Esel~~

2 Foto Banane Tomate Salat

3 Papa Tee Mama Oma

38 Wickelwörter. Schreiben Sie. Ihre Partnerin / Ihr Partner liest.

39 Ordnen Sie zu und schreiben Sie die Wörter.

	Pa	to	• der Papa
	So	pa	• das
	Fo	pe	• das
	Lam	fa	• die

40 Markieren Sie bekannte Wörter.

Flohmarkt!
Samstag, 9–13 Uhr,
Salzstraße 10!
Ob Bett, Tisch, Schrank,
Sofa, Stuhl, Lampe, Teller,
Tasse oder Buch – es gibt
alles. Kommen Sie vorbei!

41 Projekt. Bringen Sie Zeitungen, Zeitschriften und Prospekte mit und suchen Sie bekannte Wörter.

Zahlen 0–12 | 4

1 Was sehen Sie? Sprechen Sie.

2 Hören Sie und sprechen Sie nach. CD 1/71–72

3 Welche Zahlen sehen Sie? Sprechen Sie.

0 1 2 3 4 5 6 7 8 9 10 11 12

4 Sprechen Sie und schreiben Sie.

0
1
2
3
4
5

5 Wie viele sind das? Ordnen Sie zu.

0 1 2 3 ~~4~~ 5

6 Wie heißen die Wörter in Aufgabe 5? Schreiben Sie.

Tee

0 1 2 3 4 5 6 7 8 9 10 11 12

7 Sprechen Sie und schreiben Sie.

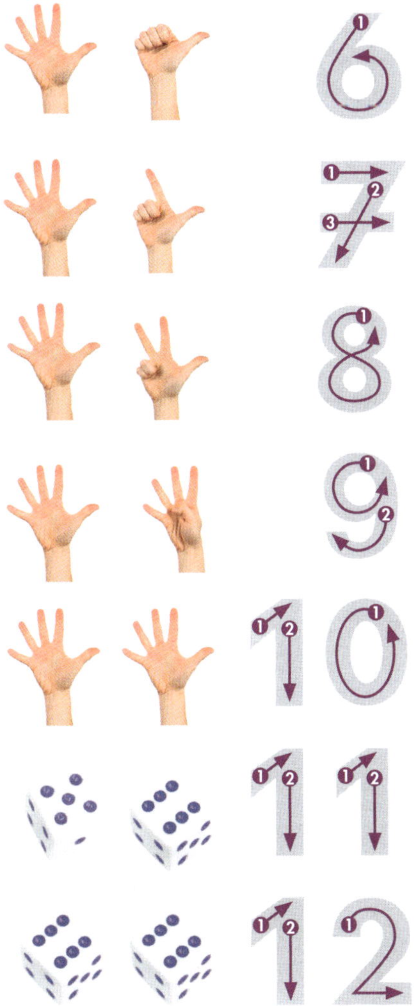

6 6

7 7

8 8

9 9

10 10

11 11

12 12

8 Schreiben Sie die Zahlen 0–12 noch einmal in Ihr Heft.

9 Sprechen Sie die Zahlen 0–12 vorwärts und dann rückwärts.

12

11

10

Schon fertig? Ergänzen Sie.

0 1 2 3 __ 5 __ 7

10 Was passt nicht? Streichen Sie durch.

1 2 3 4 5 3 6 7 8 6	1 2 3 5 4 5 6 8 7 8 9
12 11 10 9 2 8 7 4 6	12 11 10 8 9 5 8 7 6 5

11 Hören Sie und schreiben Sie.

CD 1/73

10

12 Schreiben Sie Zahlen von 0–12. Sprechen Sie, Ihre Partnerin / Ihr Partner schreibt.

13 Markieren Sie die Zahlen.

S 8 B b 9 p 1 l f 7 a   0 o 5 F 2 L 6 9 P N 4

Schon fertig? Zeichnen Sie Punkte.

7   10   12

14 Rechnen Sie und schreiben Sie.

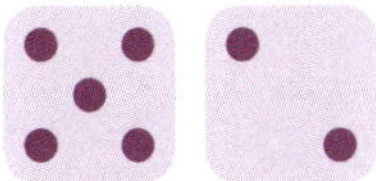 5 + 2 = 7

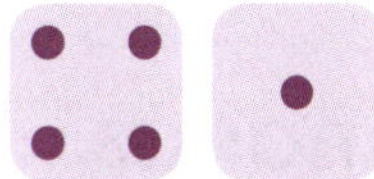 ___ + ___ = ___

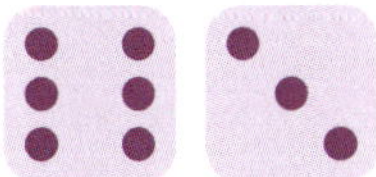 ___ + ___ = ___

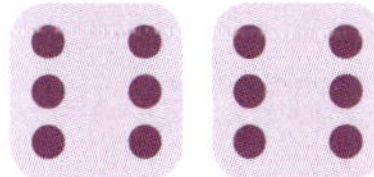 ___ + ___ = ___

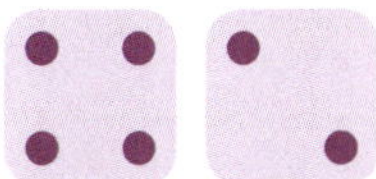 4 – 2 = 2

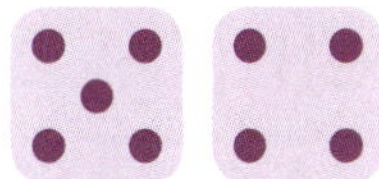 ___ – ___ = ___

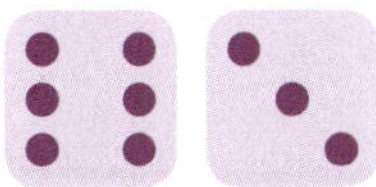 ___ – ___ = ___

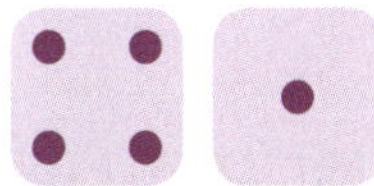 ___ – ___ = ___

15 Würfeln Sie und rechnen Sie.

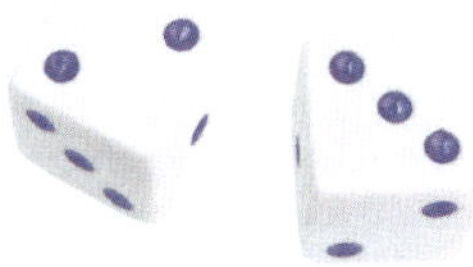

16 Rechnen Sie und schreiben Sie.

8 + 2 = 10	6 + 5 = ___	3 + 4 = ___
5 + 3 = ___	1 + 6 = ___	8 + 1 = ___
8 – 5 = ___	6 – 4 = ___	7 – 5 = ___
12 – 3 = ___	9 – 7 = ___	10 – 1 = ___

Schon fertig?
Schreiben Sie Rechenaufgaben für Ihre Partnerin / Ihren Partner.

7 + 3 =

4 Zahlen 0–12

0 1 2 3 4 5 6 7 8 9 10 11 12

17 Hören Sie und klatschen Sie. Zeichnen Sie Silbenbögen ein. CD 1/74

Tee	Ananas	Tomate
Foto	Lampe	Salz
Ente	Bett	Banane

18 Ordnen Sie die Wörter aus Aufgabe 17 zu.

◡	◡◡	◡◡◡
Tee		

19 Wie viele? Hören Sie und schreiben Sie. CD 1/75

 5

 ___

 ___

 ___

20 Wie viele? Lesen Sie ein Wort. Ihre Partnerin / Ihr Partner zählt.

Tee.

5.

Tee Tee Banane Tomate Bett Tee
Tomate Bett Tee Foto Banane
Lampe Foto Tee Bett Tomate Bett Foto

21 Telefonliste. Lesen Sie.

Anton	0165 72 11 32
Ellen	0173 98 45 11
Lena	0173 59 00 22
Leon	0165 84 67 40

Manaf	0186 71 14 74
Onno	0165 92 24 92
Salem	0165 73 01 66
Sana	0174 42 58 17

22 Hören Sie und lesen Sie in Aufgabe 21 mit. CD 1/76
Sprechen Sie nach.

23 Sprechen Sie im Kurs.

Wie ist die Telefonnummer von …?

Die Telefonnummer ist …

24 Wie ist die Telefonnummer von …? Schreiben Sie.

Lena 0173 59 00 22 Anton ____________

Ellen ____________ Leon ____________

25 Welche Telefonnummer ist richtig? CD 1/77–80
Hören Sie und kreuzen Sie an.

1
- [x] 01762 25 25 25
- [ ] 01762 52 52 52

2
- [ ] 01601 86 59 76
- [ ] 01701 86 59 77

3
- [ ] 0164 42 34 18
- [ ] 0164 43 34 68

4
- [ ] 01765 33 16 69
- [ ] 01765 33 19 96

Zahlen 0–12

0 1 2 3 4 5 6 7 8 9 10 11 12

26 Kursspaziergang. Fragen Sie 5 Personen nach Namen und Telefonnummer und schreiben Sie.

Wie ist Ihre Telefonnummer?

Meine Telefonnummer ist …

Name	Telefon

27 Wie viel Uhr ist es? Hören Sie und sprechen Sie nach. CD 1/81

Entschuldigung. Wie viel Uhr ist es?

Es ist 7 Uhr.

Danke.

28 Hören Sie und schreiben Sie die Uhrzeit. CD 1/82–86

1	2	3	4	5
07:00	:00	:00	:00	:00

29 Wie viel Uhr ist es? Schreiben Sie Uhrzeiten. Fragen und antworten Sie.

Ich		Partner	
:	:	:	:
:	:	:	:

30 Wie viel Uhr ist es? Lesen Sie und ordnen Sie zu.

01:00	Es ist 8 Uhr.	02:00	Es ist 6 Uhr.
03:00	Es ist 1 Uhr.	06:00	Es ist 12 Uhr.
08:00	Es ist 3 Uhr.	12:00	Es ist 2 Uhr.

31 Hören Sie und ergänzen Sie.

CD 1/87–90

1

2

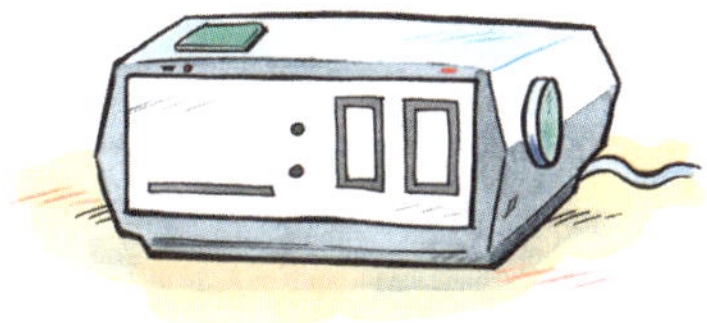

3

4

32 Ordnen Sie die Kärtchen und sprechen Sie.

viele | sind | Wie | das | ?

sind | 5 | Das | .

Uhr | Wie | viel | es | ist | ?

Es | 3 | ist | Uhr | .

Wie viele sind das?

0 1 2 3 4 5 6 7 8 9 10 11 12

33 Rätsel. Ergänzen Sie die Reihen.

1 2 3 4 1 2 3 4 1 2 3 ___ ___

1 3 5 7 1 3 5 7 1 3 ___ ___

3 6 9 3 6 9 3 ___ ___

34 Sudoku. Schreiben Sie.

4	3	2	1
1	2		
			3
3	4		

1	6		5		2
5		3		1	4
	1	2		6	
3		6	2		1
6				2	
2	3	1	4		6

35 Wie viele? Zählen Sie die Buchstaben und schreiben Sie.

A 4	N ___	M ___	L ___
E ___	S ___	P ___	
F ___	T ___	O ___	

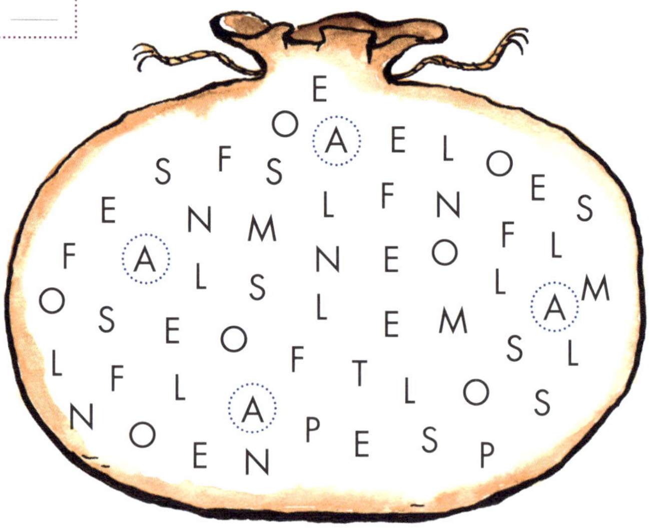

Schon fertig? Ergänzen Sie.

Wie vi_l Uhr is_ e_?

Wie i_t Ihr_ Tele_onnu_mer?

1 Was sehen Sie? Sprechen Sie.

2 Hören Sie und sprechen Sie nach. CD 2/1–2

3 Suchen Sie **Bahnhof**, **Post**, **Hotel** und **Imbiss**.

Schon fertig?
Wie viele **M**, **O**, **S**, **B** sehen Sie im Bild? Zählen Sie. M 3 O __ S __ B __

Ii **A B** C D **E F** G H **I** J K **L M N O P** Q R **S T** U V W X Y Z

I… Igel 

I… Imbiss 

I… Insel 

CD 2/3

4 Schreiben Sie.

5 Schreiben Sie.

I i

I i

• Imbiss

6 Markieren Sie **I i**.

I L E i f F L A t i l   n i l i e m L E T f i

7 Lesen Sie.

Ni Si Bi Mi ti fi in im   Insel Imbiss mit ist Info

ABCDEFGHIJKLMNOPQRSTUVWXYZ **Dd**

D... Dose  D... Dusche  D... Dorf 

CD 2/4

8 Schreiben Sie.

D D D D D
D D D
d d d d d
d d d

9 Schreiben Sie.

D d

D d

die Dose

10 Markieren Sie **D d**.

B D P D d b p d O D o   d s t d D P L d b d p

11 Lesen Sie.

Di Do De Da de di da do   Dose dann das da

12 Hören Sie und ergänzen Sie. CD 2/5–6

E / I:	E nte	__ gel	__ ssen	__ sel	__ mbiss
e / i:	Pull__	T__l__fon	M__lch	B__tt	Papr__ka

13 Hören Sie und sprechen Sie nach. CD 2/7–8

T T T Tee Tante Tomate

D D D Dose Dorf Dusche

14 Was hören Sie am Wortanfang? **D** oder **T**? Schreiben Sie. CD 2/9

1 D 2 __ 3 __ 4 __ 5 __ 6 __

15 Hören Sie und sprechen Sie nach. CD 2/10

	Mond		Bad
	Rad		Abend

t

d

Schon fertig? Suchen Sie weitere Bildkarten und schreiben Sie.

16 Bilderdiktat. Schreiben Sie.

 die Dose

 __________

 __________

 __________

 __________

 __________

ABCDEFGHIJKLMNOPQRSTUVWXYZ **Hh**

H... Hotel 

H... Hose 

H... Hand 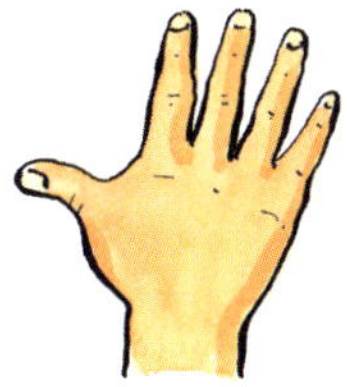

CD 2/11

17 Schreiben Sie.

H H H H H H H H H H H H H H H H H

h h h h h h h h h h h h h h h h h

18 Schreiben Sie.

H H h h

H h H h

das Hotel das Hotel

19 Markieren Sie **H h**.

h b d h l t h p h f h   F H A H h b H T N H M

20 Lesen Sie.

Ha He Hi Ho ho hi ha he   Hand Hose Heft Hase

5 In der Stadt

Uu ABCDEFGHIJKLMNOPQRSTUVWXYZ

U... U-Bahn 

U... Uhr 

U... Unterschrift 

CD 2/12

21 Schreiben Sie.

U U U U U U U U U U U U U U U U U U

U U U U U U U U U U U U U U U U U U U U

22 Schreiben Sie.

U U u u

U u U u

die U-Bahn die U-Bahn

23 Markieren Sie U u.

u n m u n h u o a u i   O H U u n U S E u e b

24 Lesen Sie.

Lu Hu Nu Bu um un du fu   Mund Bus null Hund

25 Lesen Sie und klatschen Sie. Schreiben Sie dann.

1 • Imbiss Imbiss

2 • Hotel

3 • Post

4 • Bahnhof

5 • U-Bahn

6 • Bus

7 • S-Bahn

26 Ordnen Sie die Wörter aus Aufgabe 25 zu.

1

Schon fertig?
Schreiben Sie die Wörter in Aufgabe 25 mit **der**, **das** oder **die**.

27 Lesen Sie und zeichnen Sie Silbenbögen ein.

1 Pa Na Ma La — Papa Nase Mama Land

2 Hu Ho Mu Mo — Hund Hotel Mund Mond

3 Po Bu Im En — Post Bus Imbiss Ente

28 Was hören Sie am Wortanfang? **U** oder **O**? Schreiben Sie. CD 2/13

1 ___ 2 ___ 3 ___ 4 ___ 5 ___ 6 ___

29 Hören Sie und sprechen Sie nach. CD 2/14–15

h h h haha hehe hihi hoho huhu

Hallo. Ich heiße Hanna.

30 Hören Sie und sprechen Sie nach. CD 2/16

Uhr Ohr Bahn fahren Bahnhof

31 Hören Sie und sprechen Sie nach. CD 2/17
Suchen Sie die Städte auf der Landkarte.

Ulm Halle Bonn Basel Essen Hamm Potsdam

32 Alpha-Box: Schreiben Sie **I i D d H h U u** auf Karten.

33 Legen Sie Silben und Wörter. Ihre Partnerin / Ihr Partner liest.

Schon fertig?
Memospiel.
Suchen Sie Paare.

ABCDEFGHIJKLMNOPQRSTUVWXYZ

34 Wie fahren die Personen zum Kurs? Hören Sie und ordnen Sie zu.

CD 2/18–22

 ___

 ___

 ___

 ___

 1

35 Ziehen Sie eine Karte. Fragen und antworten Sie.

Wie fahren Sie zum Kurs?

Ich gehe zu Fuß.

Ich nehme den Bus.

Ich nehme die U-Bahn.

36 Was suchen die Personen? Hören Sie und schreiben Sie.

CD 2/23–26

1 Bahnhof

2 ______________________

3 ______________________

4 ______________________

37 Lesen Sie. Spielen Sie Gespräche und zeigen Sie.

Da ist die Post Da ist der Bahnhof.

Da ist der Imbiss. Da ist das Hotel.

Entschuldigung. Wo ist die Post?

Da ist die Post.

Danke.

ABCDEFGHIJKLMNOPQRSTUVWXYZ

38 Markieren Sie das Wort und schreiben Sie.

BettHundPost — Post

HoseBusHotel — ______

InselHandHotel — ______

BahnhofPostBus — ______

39 Was ist gleich? Lesen Sie und markieren Sie.

1. Hotel Post Hotel Hund
2. Imbiss Post Post Hotel
3. Bad Bad Bahn Bett
4. Bus Bad Papa Bus

40 Lebendige Sätze. Machen Sie mit.

Schon fertig? Schreiben Sie weitere Sätze.

41 Projekt. Gehen Sie in Ihre Umgebung und suchen Sie Buchstaben und Wörter.

42 Projekt. Machen Sie Fotos von Ihrer Umgebung. Kleben Sie die Fotos auf eine Seite und beschriften Sie sie.

Schon fertig? Beschriften Sie das Bild auf Seite 53.

Wie geht es Ihnen? | 6

1 Was sehen Sie? Sprechen Sie.

2 Hören Sie und sprechen Sie nach. CD 2/27–28

3 Suchen Sie **Sonne**, **Regen**, **Wolke** und **Wind**.

Ww ABCDEFGHIJKLMNOPQRSTUVWXYZ

W… Wetter

W… Wind

W… Wolke

CD 2/29

4 Schreiben Sie.

5 Schreiben Sie.

W w

W w

Wind

6 Markieren Sie **W w**.

M N W u w m w W U d m w n w u W M W

7 Lesen Sie.

Wo Wa We wa wi wu wie was Wand Welt

R… Regen 

R… Radio 

R… Rad 

CD 2/30

8 Schreiben Sie.

R R R R R R R R R R R R R R R R R R R R R R

r r r r r r r r r r r r r r r r r r r r r r

9 Schreiben Sie.

R R r r

R r R r

das Radio das Radio

10 Markieren Sie **R r**.

B P R d R D F R P R S   s r n r t r u m r f r t i r l

11 Lesen Sie.

Ra Ri Ru Ro Re re ra ru   Rad Radio Rose rot rund

12 Hören Sie und sprechen Sie nach. CD 2/31–34

1	W	Wa	Wan	Wand	Das ist die Wand.
2	W	Wi	Win	Wind	Das ist der Wind.
3	W	Wo	Wol	Wolke	Das ist die Wolke.
4	W	We	Wet	Wetter	Das Wetter ist gut.

13 Sprechen Sie **R** mit Wasser.

Rrrrr

Ririri Rarara Rororo Rerere

14 Hören Sie und sprechen Sie nach. CD 2/35–37

1	R	Ra	Rad	Radio	Das ist das Radio.
2	R	Ro	Ros	Rose	Das ist die Rose.
3	r	ru	run	rund	Das Rad ist rund.

15 Was hören Sie am Wortanfang? **W** oder **R**? Schreiben Sie. CD 2/38

1 W 2 ___ 3 ___ 4 ___ 5 ___ 6 ___

16 Lesen Sie einen Satz, Ihre Partnerin / Ihr Partner zeigt das Foto.

1 Das ist das Rad.

2 Das ist der Salat.

3 Das ist meine Mutter.

4 Das ist meine Telefonnummer.

01765 200378

Schon fertig?
Schreiben Sie weitere Sätze.
Das ist das Sofa.

G... Geld

G... Gabel

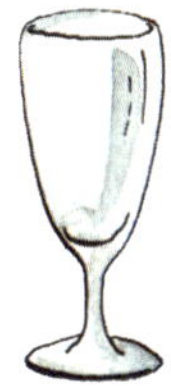

G... Glas

CD 2/39

17 Schreiben Sie.

18 Schreiben Sie.

G g

G g

das Geld

19 Markieren Sie **G g**.

a g a d g b G O o g a G P e g s G U O G g a

20 Lesen Sie.

Ga Gi Go Gu ga go Gabel Glas gut gelb

21 Wo hören Sie **G g**? Am Wortanfang oder in der Mitte? CD 2/40
Kreuzen Sie an.

1	2	3	4	5	6

☒ G...	☐ G...	☐ G...	☐ G...	☐ G...	☐ G...
☐ ...g...	☐ ...g...	☐ ...g...	☐ ...g...	☐ ...g...	☐ ...g...

22 Ergänzen Sie die Buchstaben.

	Banane		__ulli
	__ase		__und
	Ho__el		Or__ner
	Im__iss		A__eise
	Inse__	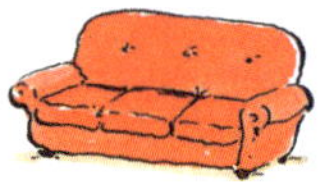	Sof__
	Anana__		Telefo__

23 Lesen Sie die Wörter in Aufgabe 22 und zeichnen Sie Silbenbögen ein.

Schon fertig? Schreiben Sie die Wörter in Aufgabe 22 mit **der**, **das** oder **die** in Ihr Heft.

24 Lesen Sie und schreiben Sie.

Wie geht es Ihnen?

☺ sehr gut

☺ gut

😐 es geht

☹ nicht so gut

25 Wie geht es den Personen? Hören Sie und ordnen Sie zu. CD 2/41–44

1 2 3 4

☺ ☺ 😐 ☹

26 Hören Sie und sprechen Sie nach. CD 2/45

1 Wie geht es Ihnen?

2 Mir geht es sehr gut.

3 Wie geht es dir?

4 Danke, gut.

27 Stopp-Tanz. Tanzen Sie und sprechen Sie.

Wie geht es Ihnen?

28 Lesen Sie und klatschen Sie. Schreiben Sie dann.

1 das Wetter das W

2 der Wind

3 der Regen

4 die Sonne

29 Ordnen Sie die Wörter aus Aufgabe 28 zu.

30 Alpha-Box: Schreiben Sie **W w R r G g** auf Karten.

31 Suchen Sie die Buchstaben für ein Wort. Ihre Partnerin / Ihr Partner legt das Wort.

32 Legen Sie die Wörter mit **der**, **das** oder **die**.

Schon fertig?
Was ist gleich? Markieren Sie.

Hose Hase Hose
Bad Bad Rad
Wind Wand Wand

33 Hören Sie und lesen Sie mit.

CD 2/46

Wie ist das Wetter?	
Es ist warm.	Es ist nicht warm.
Es ist sonnig.	Es ist nicht sonnig.
Es ist windig.	Es ist nicht windig.
Es regnet.	Es regnet nicht.

34 Was passt? Kreuzen Sie an.

1

☒ Es ist sonnig.
☐ Es ist nicht sonnig.

2

☐ Es regnet.
☐ Es regnet nicht.

3

☐ Es ist sonnig.
☐ Es regnet nicht.

4

☐ Es ist warm.
☐ Es ist nicht warm.

35 Hören Sie und schreiben Sie **Regen**, **Wind** und **Sonne**.

CD 2/47–49

1 Sonne ______ **2** ______ **3** ______

36 Wie ist das Wetter? Sprechen Sie.

Es ist sonnig.
Es regnet nicht.

37 Lesen Sie ein Wort, Ihre Partnerin / Ihr Partner sucht es.

Dose Sonne Geld Hotel U-Bahn Regen
Imbiss Oma Gabel Post Mama Hose
Foto Name Bus Ameise Sofa Land Esel
Nuss Hand Mund Papa Bett Banane
Wind Pulli Opa Tante Bad Rad Bahnhof
Lupe Ente Glas Lampe Wand Essen

38 Wörter wiederholen.
Schreiben Sie 5 Wörter
aus Lektion 1 bis 6 auf Papier.

39 Hängen Sie alle Wörter
an die Wand und lesen Sie.

40 Suchen Sie Wörter mit **R r**, **W w** oder **G g**.
Machen Sie ein Plakat. Präsentieren Sie Ihr Plakat im Kurs.

Schon fertig?
Beschriften Sie das Bild auf Seite 63.

1 Was sehen Sie? Sprechen Sie.

2 Hören Sie und sprechen Sie nach. CD 2/50–51

3 Suchen Sie **Zitrone**, **Salz**, **Ei**, **Eis**, **Milch**, **Kuchen**, **Kaffee** und **Tee**.

7 Essen und Trinken

Zz A B C D E F G H I J K L M N O P Q R S T U V W X Y Z

Z... Zitrone

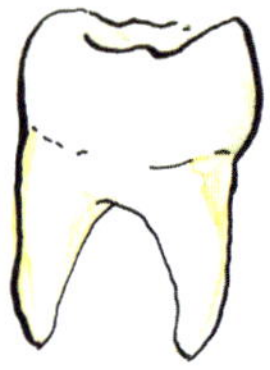

Z... Zahn

Z... Zug

CD 2/52

4 Schreiben Sie.

Z Z

z z

5 Schreiben Sie.

Z z

Z z

der Zug

6 Markieren Sie **Z z**.

L Z T F Z z n s z R Z   z n z z r a Z N H Z u

7 Lesen Sie.

Za Zo Zi Zu Ze zu zi za   Zoo Zahn Zahl Zitrone

K... Kaffee

K... Kuchen

K... Kino

CD 2/53

8 Schreiben Sie.

K K K K K K K K K K K K K K K K K K K K

k k k k k k k k k k k k k k k k k k k k

9 Schreiben Sie.

K K k k k

Kk Kk

der Kaffee der Kaffee

10 Markieren Sie **K k**.

H R K R K K F k h t K h l k K R R K t k f k

11 Lesen Sie.

Ka Ke Ki Ko Ku ki ko ke Kaffee Kind Kino Kakao

A B C D E F G H I J K L M N O P Q R S T U V W X Y Z

12 Hören Sie und sprechen Sie nach. CD 2/54–59

1 K Ka Kaffee 2 K Ki Kind 3 K Ka Kakao

4 g gu gut 5 G Ga Gabel 6 G Ge Geld

13 Was hören Sie am Wortanfang? **K** oder **G**? Schreiben Sie. CD 2/60

1 K 2 ___ 3 ___ 4 ___ 5 ___ 6 ___

14 Hören Sie und sprechen Sie nach. CD 2/61–64

1 Z Za Zahn 2 Z Zi Zitrone

3 Z Zu Zug 4 Z Zo Zoo

15 Wo hören Sie **Z z**? CD 2/65
Am Wortanfang, in der Mitte oder am Wortende? Kreuzen Sie an.

1	2	3	4	5	6
☒ Z…	☐ Z…	☐ Z…	☐ Z…	☐ Z…	☐ Z…
☐ …z…	☐ …z…	☐ …z…	☐ …z…	☐ …z…	☐ …z…
☐ …z	☐ …z	☐ …z	☐ …z	☐ …z	☐ …z

16 Was fehlt? Hören Sie und ergänzen Sie. CD 2/66–69

1 W a nd W___nd 2 ___and ___and

3 H___se H___se 4 w___r w___r

17 Hören Sie noch einmal und sprechen Sie nach. CD 2/70

Ei... Ei 

Ei... Eis 

Ei... Eimer 

CD 2/71

18 Schreiben Sie.

Ei Ei Ei Ei Ei Ei Ei Ei Ei Ei Ei Ei Ei Ei Ei Ei

ei ei ei ei ei ei ei ei ei ei ei ei ei ei ei ei

19 Schreiben Sie.

Ei Ei ei ei

Ei ei Ei ei

das Eis das Eis

20 Markieren Sie **Ei ei**.

ei ie ai ei ui Ei Ri ei oi Ki ie ei Ei Fi le ai oi ei Ei

21 Lesen Sie.

Ei Eis ein eine eins zwei drei nein

Schon fertig?
Wie viele **Ei ei** sind in Aufgabe 20?
Zählen Sie.

7 Essen und Trinken

Ch ABCDEFGHIJKLMNOPQRSTUVWXYZ

...ch ich 	...ch... Licht 	...ch Dach 

CD 2/72

22 Schreiben Sie.

Ch Ch Ch Ch Ch Ch Ch Ch Ch Ch Ch

ch ch ch ch ch ch ch ch ch ch ch

23 Schreiben Sie.

Ch Ch ch ch

Ch ch Ch ch

das Dach das Dach

24 Markieren Sie **Ch ch**.

Hc Ch ch sh oh ch ah eh Oh Ch ch ah uh ch hc

25 Lesen Sie.

ich dich nicht Milch Licht ach Buch Kuchen Nacht

ABCDEFGHIJKLMNOPQRSTUVWXYZ

26 Hören Sie und sprechen Sie nach. CD 2/73–74

1 Licht – nicht – dich – ich nach i → ch 

2 Buch – Kuchen – Dach – ach nach a, u → ch 

27 Hören Sie und markieren Sie. Lesen Sie laut. CD 2/75

28 Was hören Sie am Wortanfang? **E**, **I** oder **Ei**? Schreiben Sie. CD 2/76

1 E 2 ___ 3 ___ 4 ___ 5 ___ 6 ___

29 Lesen Sie und klatschen Sie. Schreiben Sie in Ihr Heft.

1 das Ei
2 der Kuchen
3 das Eis
4 die Zitrone
5 das Salz
6 die Milch
7 der Tee
8 der Kaffee

30 Ordnen Sie die Wörter aus Aufgabe 29 zu.

31 Lesen Sie und ergänzen Sie.

Was ist das?

der	→	ein
das	→	ein
die	→	eine

 der Kuchen → Das ist ein Kuchen .

 das Ei → Das ist ________ .

 die Zitrone → Das ist ________ .

32 Alpha-Box. Schreiben Sie **Z z K k Ei ei Ch ch** auf Karten.

Z z K k Ei ei Ch ch

33 Legen Sie Wörter mit **ein** oder **eine**. Sprechen Sie dann.

ein eine ein Ei s

Was ist das?

Das ist **ein** Eis.

34 Schreiben Sie Sätze.

 die Wolke Das ist eine Wolke.

 das Buch ________

 der Eimer ________

 das Kino ________

35 Lesen Sie.

1 Ich esse gern Salat mit Tomate.

2 Ich trinke gern Wasser und Kaffee.

3 Ich esse nicht gern Kuchen.

4 Ich trinke nicht gern Tee mit Zitrone.

5 Was essen Sie gern? Was trinken Sie gern?

36 Was essen und trinken die Personen gern? CD 2/77
Hören Sie und schreiben Sie.

1 Eis ____________ 2 ____________

3 ____________ 4 ____________

37 Was essen und trinken Sie gern? Sammeln Sie im Kurs.

38 Sprechen Sie mit Ihrer Partnerin / Ihrem Partner.

Was essen Sie gern?

Ich esse gern Eis.

39 Schreiben Sie über sich.

Ich esse gern …

Schon fertig?
Was essen und trinken Sie nicht gern?
Schreiben Sie in Ihr Heft.

Ich esse nicht gern …

7 Wiederholung

A B C D E F G H I J K L M N O P Q R S T U V W X Y Z

40 Ordnen Sie zu und schreiben Sie mit **ein** oder **eine**.

1  Ku lat — ein Kuchen

2  Sa fee

3  Kaf chen

4  Zi na ka

5  A pri ne

6  Pa tro nas

41 Projekt. Was essen Sie gern? Bringen Sie Prospekte mit. Schneiden Sie Bilder und Wörter aus.

42 Projekt. Machen Sie ein Plakat und beschriften Sie es.

Schon fertig?
Beschriften Sie das Bild auf Seite 73.

Schon fertig?
Ergänzen Sie.

__uchen	Mil__
Sal__	__affee
__itrone	Ei__

1 Was sehen Sie? Sprechen Sie.

2 Hören Sie und sprechen Sie nach. CD 2/78

3 Suchen Sie **Taxifahrer**, **Kellner**, **Kellnerin**, **Schneider** und **Lehrer**.

Xx ABCDEFGHIJKLMNOPQRSTUVWXYZ

...x... Taxi

...x... Text

...x... Mixer

CD 2/79

4 Schreiben Sie.

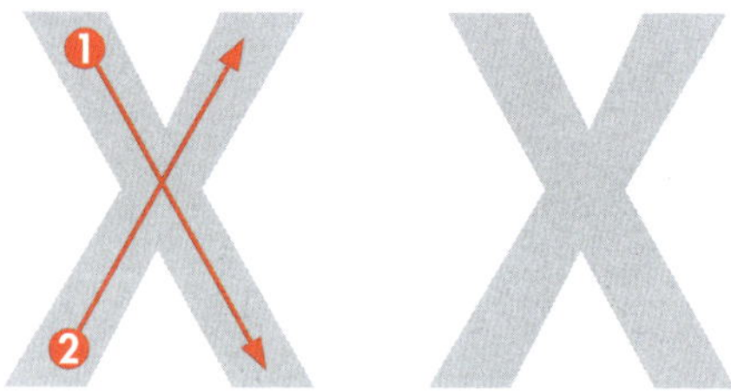

X X

x x

X x X x

Taxi Taxi

das Taxi das Taxi

5 Lesen Sie und schreiben Sie.

der Text die Box der Mixer

6 Markieren Sie **X x**.

K X Z x k z x r R X K V X K k x v X Z z x v

7 Lesen Sie.

Das Taxi ist gelb.

Max und Felix lesen einen Text.

Das Foto ist in der Box.

Schon fertig?
Welche Buchstaben sind das?
Sprechen Sie.

A B C D E F G H I J K L M N O P Q R S T U V W X Y Z **Sch**

Sch... Schneider

Sch... Schule

Sch... Schere

CD 2/80

8 Schreiben Sie.

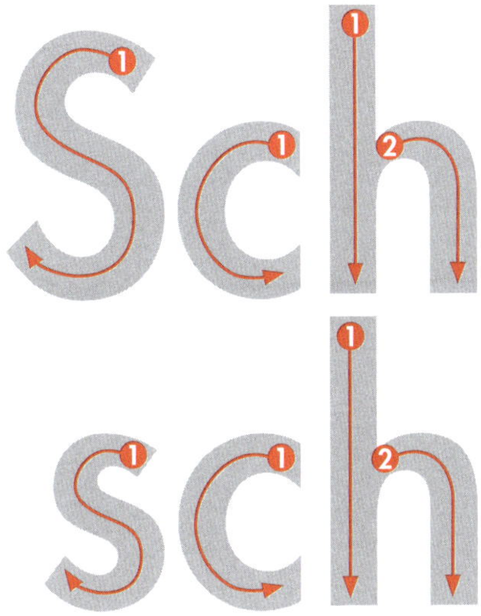

Sch Sch

sch sch

Sch sch Sch sch

Schule Schule

die Schule die Schule

9 Lesen Sie und schreiben Sie.

der Schneider die Schere der Schuh

die Tasche der Tisch schreiben

10 Lesen Sie.

Die Tasche ist rot.
Die Schere ist gut.

Sascha schreibt einen Text.
Wir sind in der Schule.

11 Sprechen Sie.

sch sch sch

schaschascha

schuschuschu

12 Wo hören Sie **Sch sch**? CD 2/81
Am Wortanfang, in der Mitte oder am Wortende? Kreuzen Sie an.

1	2	3	4	5
☒ Sch…	☐ Sch…	☐ Sch…	☐ Sch…	☐ Sch…
☐ …sch…	☐ …sch…	☐ …sch…	☐ …sch…	☐ …sch…
☐ …sch	☐ …sch	☐ …sch	☐ …sch	☐ …sch

13 Hören Sie und sprechen Sie nach. CD 2/82–84

14 Hören Sie noch einmal und ergänzen Sie. CD 2/82–84

1 **Sch** oder **S**?	2 **Sch** oder **Z**?	3 **sch** oder **ch**?
Sch ule	___ug	Ta___e
___alz	___uh	Da___
___alat	___itrone	Ti___
___ere	___neider	i___

15 Diktat. Hören Sie und schreiben Sie in Ihr Heft. CD 2/85

C... Computer

C... Cola

C... Café

CD 2/86

16 Schreiben Sie.

C

c

C c

Cola

die Cola

17 Lesen Sie und schreiben Sie.

das Café der Computer

18 Lesen Sie.

Das Café ist dort.
Ich trinke Cola.
Der Computer ist an.
Eric und Carla schreiben
am Computer.

Schon fertig?
Ergänzen Sie **C** oder **Sch**.

1 C____ola 2 ____ule
3 ____ere 4 ____omputer

19 Alpha-Box. Schreiben Sie **X x Sch sch C c** auf Karten.

X | x | Sch | sch | C | c

20 Legen Sie Wörter mit **Sch sch.** Ihre Partnerin / Ihr Partner liest.

Sch | u | l | e

Schon fertig?
Legen Sie ein Wort. Ein Buchstabe fehlt.
Ihre Partnerin / Ihr Partner ergänzt.

T | | x | i

21 Berufe. Lesen Sie.

der Lehrer
der Schneider

die Lehrer**in**
die Schneider**in**

22 Wie heißen die Berufe? Sprechen Sie und schreiben Sie.

die Schneiderin

Schon fertig?
Bilden Sie Wörter und schreiben Sie in Ihr Heft.

Schnei | fah | Leh | ner
Ta | rer | rin | xi | der
Kell | re

Taxifahrerin

23 Wo arbeiten die Personen? Lesen Sie und schreiben Sie.

im Café

im Hotel

in der Schule

in der Schneiderei

24 Lesen Sie.

Lena … → Sie …

Carlo … → Er …

1. **Lena** ist Lehrerin. **Sie** arbeitet in der Schule.
2. **Carlo** ist Kellner. **Er** arbeitet im Hotel.
3. **Rita** ist Kellnerin. **Sie** arbeitet im Café.
4. **Umar** ist Schneider. **Er** arbeitet in der Schneiderei.

25 Wie heißen die Personen aus Aufgabe 24? Schreiben Sie.

Carlo

26 Schreiben Sie die Wörter aus Aufgabe 24 auf Kärtchen. Mischen Sie und legen Sie Sätze.

Rita | arbeitet | im | Café | .

8 Berufe

27 Lesen Sie und ordnen Sie zu.

1 Polizistin
2 Busfahrer
3 Maler
4 Tischlerin
5 Mechanikerin
6 Koch
7 Elektriker
8 Kosmetikerin
9 Arzt
10 Anwalt

28 Sammeln Sie weitere Berufe und schreiben Sie in Ihr Heft.

29 Fragen und antworten Sie.

Was sind Sie von Beruf?

Ich bin …

30 Ohne Worte. Spielen Sie einen Beruf, die anderen raten.

31 Was ist … von Beruf? Hören Sie und schreiben Sie die Berufe.

CD 2/87–90

1 Schneiderin

2 ______________________

3 ______________________

4 ______________________

32 Wo arbeitet …? Hören Sie und ordnen Sie zu.

CD 2/91–94

1 

2 

3 

4 

in der Schule

im Taxi

im Café

in der Schneiderei

33 Projekt. Machen Sie ein Plakat und präsentieren Sie Ihren Beruf und Berufe in Ihrer Familie.

Ich bin …

Mein Mann / Meine Frau ist …

Mein Sohn / Meine Tochter ist …

A B C D E F G H I J K L M N O P Q R S T U V W X Y Z

34 Ergänzen Sie den Steckbrief. Fragen und antworten Sie.

Das bin ich

Ich heiße ______________________.

Ich komme aus ______________________.

Ich bin ______________________ von Beruf.

Wie heißen Sie?
Woher kommen Sie?
Was sind Sie von Beruf?

35 Wo arbeitet …? Zeichnen Sie die Linien nach und sprechen Sie.

Nina

Anna

Nano

Max

Schneiderei

Café

Schule

Hotel

36 Welche Buchstaben kennen Sie?
Markieren Sie und schreiben Sie ein Wort in Ihr Heft.

A B C D E F G H I J K L M N O P Q R S T U V W X Y Z

Ananas | B | ______

Schon fertig?
Schreiben Sie Sätze zu Aufgabe 35 in Ihr Heft.

Nina arbeitet in der Schneiderei.

Wiederholung Lektion 1–8

1 Diktat. Hören Sie und schreiben Sie. CD 2/95–97

1 die Ente

2

3

2 Ordnen Sie zu.

das Bett | ~~die Mama~~ | die Tante | das Foto | die Lampe | der Opa | der Papa | das Sofa

die Mama

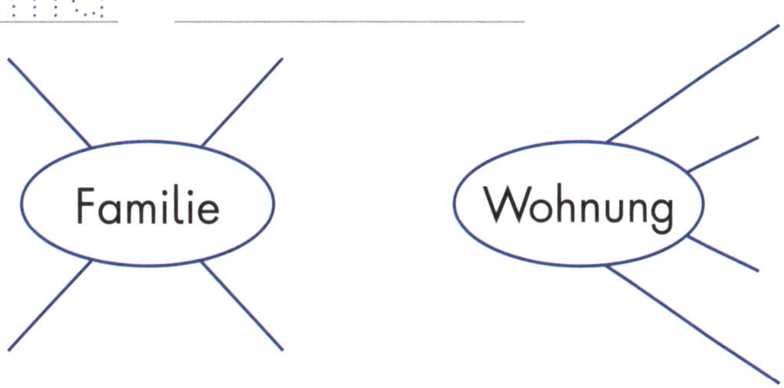

3 Bilderdiktat. Schreiben Sie mit **der**, **das** oder **die**.

 der Bus

Wiederholung Lektion 1–8

4 Wie ist das Wetter? Sprechen Sie.

Es ist sonnig.

5 Lesen Sie und schreiben Sie.

Ich heiße Shirin Afarid. Ich bin Schneiderin von Beruf. Ich esse gern Salat und Kuchen. Ich trinke gern Tee.

Name: Sh

Beruf:

Essen:

Trinken:

6 Schreiben Sie über sich.

Ich heiße

Ich bin

Ich esse gern

Ich trinke gern

Bildkarten

Im Kurs / L3

Im Kurs

Im Kurs

Im Kurs / L8

Im Kurs

Im Kurs

L1

L1

L1

L1

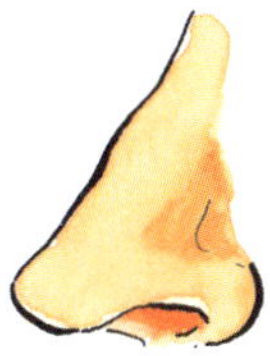

L1

L1

L1

L1

L1

L2

L2

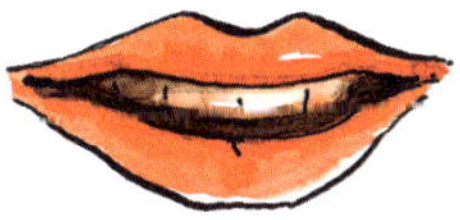

L2

L2

L2

L2

L2

L2

L2

L2

L2

L2

L3

L3

L3

L3

L3

L3

L3

L3

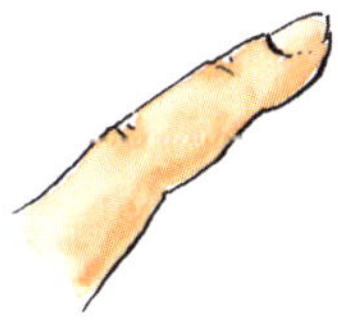

L3

L3

L3

L4

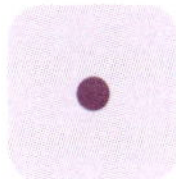

L4

L4

L4

L4

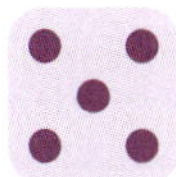

L4

L4

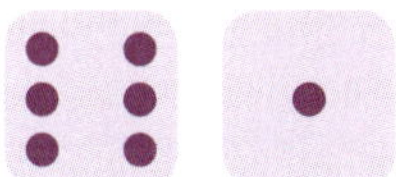

L4

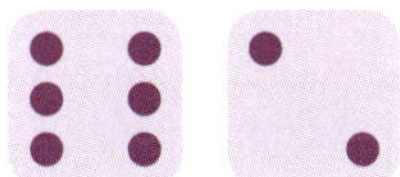

L4

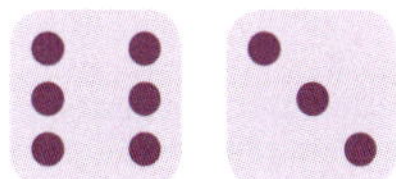

L4

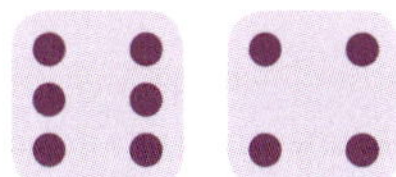

L4

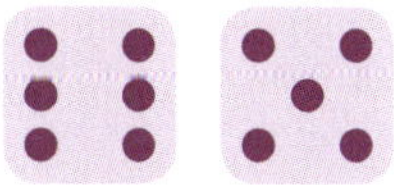

L4

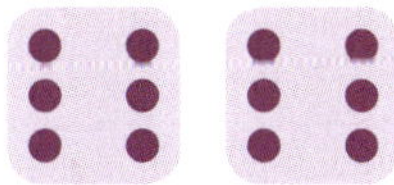

L5

L5

L5

L5

L5

L5

L5

L5

L5

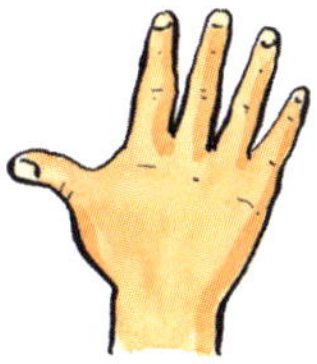

L5

L5

L5

L5

L5

Bildkarten

L5

L5

L6

L6

L6

L6

L6

L6

L6

L6

L6

L6

L7

L7

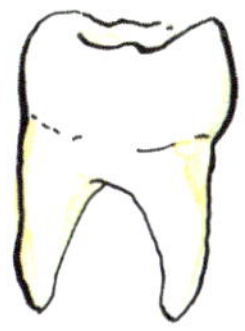

L7

L7

L7

L7

L7

L7

L7

L7

L7

L7

L8

L8

L8

L8

L8

L8

L8

L8

L8

L8

L8

L8

Quellenverzeichnis

Cover: © Getty Images/E+/Geber86 **S. 6:** © Digital Wisdom **S. 7:** Foto © Thinkstock/iStock/absolutimages **S. 9:** Ü8 alle © Hueber Verlag/Katharina Kiermeir **S. 11:** Ü13: 1. Reihe von links: © fotolia/Taffi; © M.Jenkins – stock.adobe.com; © Thinkstock/PhotoObjects.net/Hemera Technologies; 2. Reihe von links: © Thinkstock/PhotoObjects.net/Hemera Technologies; © iStock/kemie; © Thinkstock/iStock/knotsmaster; Ü15: Mann © Thinkstock/iStock/panic_attack; Stift © Thinkstock/iStock/knotsmaster; Frau © Thinkstock/iStock/Antonio_Diaz; Buch © fotolia/Taffi **S. 12:** Ü20 von links: © fotolia/Taffi; © M.Jenkins – stock.adobe.com; © Thinkstock/iStock/knotsmaster; © Thinkstock/PhotoObjects.net/Hemera Technologies; © iStock/kemie **S. 13:** Foto © Getty Images/iStock/monkeybusinessimages **S. 16:** Ü12 von links: © Thinkstock/iStock/Gizelka; © Thinkstock/iStock/bochimsang; © Thinkstock/iStockphoto/Olga Popova; © Thinkstock/iStock/Daniela Pelazza; © iStockphoto/Kaphoto ; Ü14 © Thinkstock/iStock/yourstockbank **S. 18:** Ü18 von links: © Thinkstock/iStock/NatalyaAksenova; © Thinkstock/iStock/Daniela Pelazza; © Thinkstock/iStock/Boarding1Now; © Thinkstock/iStock/GlobalP; © fotolia/Aleksejs Pivnenko **S. 20:** Ü28: 1. Reihe von links: © Thinkstock/iStock/bochimsang; © Thinkstock/iStockphoto/Olga Popova; © Thinkstock/iStock/GlobalP; 2. Reihe von links: © Thinkstock/iStock/Daniela Pelazza; © iStockphoto/Kaphoto; © fotolia/Aleksejs Pivnenko; 3. Reihe von links: © Thinkstock/iStock/Gizelka; © Thinkstock/iStock/Boarding1Now; © Thinkstock/iStock/NatalyaAksenova **S. 21:** Ü31: links © Thinkstock/Ron Chapple Studios; rechts © irisblende.de; Ü35 beide © Thinkstock/iStock/Wavebreakmedia **S. 23:** Foto © WavebreakmediaMicro – stock.adobe.com **S. 33:** Foto © Thinkstock/iStock/burakkarademir **S. 36:** Ü15: Biene: Irmtraud Guhe, München; Schlange: Mascha Greune, München **S. 39:** Ü27 von links: © Thinkstock/iStock/Baloncici; © Thinkstock/Hemera/Margo Harrison; © fotolia/Tiler84; Foto: Rahmen © Thinkstock/iStock/ISMODE; Familie © Thinkstock/iStock/PIKSEL; Ü28 © Thinkstock/iStock/Dimedrol68 **S. 40:** Ü29: 1. Reihe von links: © Thinkstock/iStock/nevodka; © MEV/Creativstudio; © fotolia/gtranquillity; 2. Reihe von links: © Thinkstock/iStock/Baloncici; © fotolia/Tiler84; Foto: Rahmen © Thinkstock/iStock/ISMODE; Familie © Thinkstock/iStock/PIKSEL; 3. Reihe von links: © Thinkstock/Hemera/Margo Harrison; © Thinkstock/ iStock/bergamont; © Thinkstock/iStock/Vitaly Korovin **S. 41:** Ü34 © Thinkstock/iStock/Anetlanda **S. 42:** Ü41 © Hueber Verlag/Katharina Kiermeir **S. 43:** Foto © Getty Images/iStock/pixelfit **S. 44:** Hände alle © fotolia/PictureArt **S. 45:** Hände alle © fotolia/PictureArt; Würfel alle © Thinkstock/iStock/Fotoplanner; Ü9 © Thinkstock/iStock/santypan **S. 46:** Ü12 © babimu – stock.adobe.com **S. 47:** Ü15: Würfel beide © Thinkstock/iStock/Fotoplanner **S. 48:** Bett © fotolia/Tiler84; Lampe © Thinkstock/Hemera/Margo Harrison; Foto: Rahmen © Thinkstock/iStock/ISMODE; Familie © Thinkstock/iStock/PIKSEL; Tomate © Thinkstock/iStock/anna1311 **S. 49:** Ü25 © PantherMedia/Andresr **S. 50:** Ü26 © Hueber Verlag/Tatiana Mendonca; Ü27 © Thinkstock/Fuse **S. 51:** Ü32: Florian Bachmeier, Schliersee **S. 52:** Ü33 © jozsitoeroe – stock.adobe.com **S. 53:** Foto © Getty Images/E+/PhotoTalk **S. 56:** Ü15: Mond © Thinkstock/iStock/dzika_mrowka; Bad © Getty Images/iStock/hikesterson; Rad © Thinkstock/iStockphoto; Abend © Thinkstock/iStock/zakaz86; Ü16: Dose © Thinkstock/iStock/fotofermer; Sofa © Thinkstock/iStock/Baloncici; Insel © Thinkstock/iStock/F43iO; Foto: Rahmen © Thinkstock/iStock/ISMODE; Familie © Thinkstock/iStock/PIKSEL; Lampe © Thinkstock/Hemera/Margo Harrison; Bett © fotolia/Tiler84 **S. 62:** Ü38: Bus © iStock/DarthArt; Hotel © Thinkstock/Hemera/Brian Jackson; Bahnhof © Thinkstock/Zoonar RF; Ü41 von links: © fotolia/O.M.; © fotolia/Dark Vectorangel; © PantherMedia/Corinna F; Ü42 © iStock/Eulenblau **S. 63:** Foto © Getty Images/E+/DMEPhotography **S. 65:** Ü11: Illu Rose: Virginia Azañedo, München; Illu Pinsel: Lutz Kasper, Köln **S. 66:** Ü16 von links: © iStockphoto/mvp64; © iStock/GlobalStock; © Thinkstock/iStock/Julián Rovagnati **S. 68:** Ü21 von links: © Thinkstock/iStock/tanuha2001; © fotolia/Sebastian Duda; © Thinkstock/Stockbyte/Comstock; © Thinkstock/iStock/thumb; © Thinkstock/Photodisc; © Thinkstock/iStock/simonkr **S. 71:** Ü36 von links: © fotolia/Pakhnyushchyy; © Thinkstock/Stockbyte/Comstock; © Getty Images/iStock/pixelfusion3d **S. 72:** Ü38/Ü39 © Hueber Verlag/Katharina Kiermeir **S. 73:** Foto © Thinkstock/iStock/m-imagephotography **S. 78:** Illu Nacht: Michael Mantel, Barum **S. 80:** Ü31 von oben: © Thinkstock/iStock/Werner Münzker; © Thinkstock/Hemera/Zeljko Bozic; © Thinkstock/Stockbyte **S. 81:** Ü35 © fotolia/Uwe Malitz **S. 82:** Ü40 von oben: © Thinkstock/iStock/Werner Münzker; © MEV/Creativstudio; © Thinkstock/iStock/Valentyn-Volkov; © Thinkstock/Stockbyte; © Thinkstock/iStock/bochimsang; © Thinkstock/moodboard; Ü42 © Hueber Verlag/Katharina Kiermeir **S. 83:** Foto © Thinkstock/iStock/NADOFOTOS **S. 89:** Ü25 von links: 2x © Thinkstock/iStock/Wavebreakmedia; © Thinkstock/iStock/leaf; © Thinkstock/iStock/Wavebreakmedia **S. 90:** Ü27: 1. Reihe von links: © Thinkstock/Medioimages/Photodisc; © fotolia/MAST; © Getty Images/E+/stock_colors; © Thinkstock/iStock/tyler olson; © Thinkstock/iStock/Highwaystarz-Photography; 2. Reihe von links: © Getty Images/Daniel Grill; © iStockphoto/kemalbas; © Getty Images/OYO Images/Chris Ryan; © PantherMedia/Klaus Rudolph; © Thinkstock/iStock/Anchiy **S. 91:** Ü31/Ü32 Familie © Thinkstock/DigitalVision/John Rowley; Ü33: Ich © Getty Images/E+/Juanmonino; Mann © sebra – stock.adobe.com; Sohn © MeganMahoneyPhotos - stock.adobe.com; Tochter © Andy Dean – stock.adobe.com **S. 94:** Ü5 © Thinkstock/Creatas **S. 95:** Radiergummi: Hueber Verlag/Mascha Greune, München

Alle weiteren Fotos: © Hueber Verlag/Nina Metzger **Illustrationen:** Jörg Saupe, Düsseldorf; Gisela Specht, Weßling
Bildredaktion: Nina Metzger, Hueber Verlag, München